Y.5651.
D.

Yf 6770

LETTRE
DE M. D. R.
A M. DE S. R.
SUR
LA ZULIME
DE M. DE VOLTAIRE,
ET SUR L'ÉCUEIL DU SAGE
DU MESME AUTEUR.

. . . . la Cabale
Étrangement, mon Cher, clabaudera . . . .
En la voyant elle l'approuvera.

Le Prix est de douze sols.

A GENEVE;

M. DCC. LXII.

LETTRE
A M. DE S. R.
SUR
LA ZULIME
DE M. DE VOLTAIRE.

ONSIEUR, ET TRÈS-CHER AMI,

J'AI vu la Zulime nouvelle. Le Spectacle était des plus brillans : le Parterre était plus que jamais dans la disposition de battre des mains ; les Partisans de l'Auteur étaient si occupés à faire son éloge, qu'ils applaudissaient sans entendre : je me croyais à *Cinna*. Mais quand je vis une *Zulime* aveuglée par l'amour, sacrifiant tout à une passion que le moindre sujet n'a pu faire naître, & que jamais l'apparence de retour la plus légere n'a pu flatter ; un *Ramire* éloigné de sa patrie, esclave sans que l'on sçache trop comment, dont toutes les paroles sont pour une épouse qu'il n'ose avouer, & toutes les actions pour une Maîtresse pour laquelle il ne sent rien; une *Atide* enfin, qui adore son mari, & qui est toujours prête à le céder, qui en parlant de lui, dit à sa rivale, *votre Amant*, & gronde en particulier son mari d'un amour dont le pauvre homme est fort innocent, & qu'elle-même nourrit dans le cœur d'une femme qu'ils abusent tous les deux par reconnaissance, j'ai cru voir quelques Scènes cousues sur un tracas de ménage par quelque *Taconet*. J'ai reconnu cependant l'Auteur de *Zaïre*, de *Tancrede*, de *Nanine*, à ce qui fait le fonds de *Zulime*; c'est toujours un *quiproquo*. Si *Zaïre* mettait au haut de sa Lettre, *mon Frere*, & *Nanine*, l'innocente & rustique *Nanine*, *mon cher Pere*; si *Amenaïde* mettoit l'adresse à *Tancrede*; si *Ramire*, au second Acte, lorsqu'il le peut, lorsqu'on l'en presse, nommait le nom d'*Epoux*, chacune de ces Piéces perdrait au moins deux Actes, & nous y gagnerions.

Zulime porte sur trois points d'appui principaux, sur le silence de Ramire, sur l'amour d'Atide pour son époux, sur l'arrivée de Benassar. Quelle raison Ramire peut-il avoir de se taire? *La loi du silence leur était imposée.* Mais qui la lui avait imposée? Tout, au contraire, le pressait de parler; la reconnaissance elle-même lui en faisait un devoir. Une Princesse quitte son pere & sa patrie, sacrifie son honneur au défir de leur rendre la liberté, il attendra qu'il foit en fon pays pour lui déclarer qu'il ne peut l'époufer? Quel cœur a donc ce Ramire? Il parle toujours d'honneur & de vertu, & il craint plus l'efclavage que la trahifon; mais la jaloufie de Zulime fe ferait vengée fur Atide.... elle avait droit à le faire: il attend qu'elle ait outragé l'honneur & la nature. C'était dans les Etats de Benaffar même qu'il devait lui déclarer fon mariage.

J'ai deux réflexions encore à faire fur cette union de Ramire & d'Atide. Ces deux époux furent efclaves dès l'enfance. Ils s'aimerent; rien de plus naturel: leurs chaînes en tout devaient être les mêmes. Mais qu'ils foient époux, que la Religion rende leur union indiffoluble, c'eft ce dont je ne vois pas la raifon. Etait-il des Prêtres en Afrique? Ce n'était, tout au plus, qu'un mariage de convention.

La feconde réflexion eft, que Zulime, qui attend au troifième Acte à devenir jaloufe, n'a point dû être fi long-tems à s'appercevoir de l'union des deux époux. Ils vivaient, habitaient enfemble. Atide fuit toujours Ramire. Je ne fçais pas comment Zulime n'a point trouvé plufieurs fois cette furveillante un peu incommode. On ne fçait point ce qu'elle la croit: il paraît même qu'elle ne s'en eft jamais informé. Cela eft un peu contre le caractère des Dames, & de l'Amour.

Je trouve affez plaifant encore, que Zulime ne fe croit aimée de Ramire, que fur la foi d'un

A ij

Idamore, personnage inconnu, à qui nous devons toute la Piéce, & qui n'y fait aucun rôle intéressant. Zulime & Ramire faisaient l'amour par Procureur. Ils devaient attendre après le mariage.

Une chose qui m'a beaucoup plu dans Zulime, c'est le personnage d'Atide. J'ai ri de tout mon cœur quand Zulime le prend pour son Orateur auprès de Ramire. L'autre par derriere Zulime, fait la grimace à son mari, & devant elle parle pour engager ce pauvre époux à servir une rivale qu'elle déteste avec toute la reconnaissance possible, & qu'elle aime en enrageant de tout son cœur. C'est une Scène vraiment comique, dont tous les Connaisseurs ont beaucoup ri.

Les deux premiers Actes se passent en déclaration d'amour & de reconnaissance. Ils se sont tant dit de partir, qu'ils devraient déja l'être : mais ils ont donné le tems à *Benassar* d'arriver. Il est annoncé par des *tourbillons des flammes*, que l'on voit fort distinctement à travers des *tourbillons de poussiere*. Zulime, au lieu de profiter du moment qui leur reste pour se sauver par cette porte, qu'elle dit pouvoir faire ouvrir à sa volonté, fait retirer son Amant, qui va je ne sçais où, pour attendre son pere.

Je trouve ici une ressemblance avec Alzire. Que les Connaisseurs en augurent bien pour Zulime ; c'est que le lieu de la Scène n'est point établi. Sont-ils dans la Ville où Zulime commande encore ? sont-ils hors des murs ? S'ils sont dans leur Ville, comment le Pere va-t-il entrer sur la Scène ? Ils sont, sans doute, hors des murs. Mais qui a dit à Benassar que sa fille fût en cet endroit ?... ce fut, sans doute, M. de Voltaire.

Le Pere vient. Zulime l'a attendu : elle se jette à ses pieds, dit mille choses touchantes, dont le Pere est attendri. Il releve cette Criminelle, qui l'a deshonoré, qui a soulevé ses Sujets contre lui, qui a favorisé la fuite de ses Esclaves ; il va lui pardonner. Cœurs vertueux, soyez attendris.... Qu'entends-je ? Zulime a bien versé des pleurs, a fait bien des protestations, la derniere est qu'*elle n'a plus de patrie*, elle abandonne ce Pere si tendre. Suivez bien M. de Voltaire, mon cher Ami ; l'intérêt va croître ici : le troisième Acte est l'Acte supérieur. Vous y verrez des situations embarrassantes dénouées admirablement. Vous reconnaîtrez le créateur d'*Alzire*.

Le Pere, après l'outrage que lui a fait sa fille, pouvait très-facilement, la trouvant toute seule, lui ordonner de le suivre, ou appeller quelqu'un de son Armée qui ne doit pas être loin, faire mettre sa fille dans une litière : tout était fini ; & comme jusqu'ici le bon homme n'avait pas été bien méchant, il pouvait renvoyer Ramire en son pays, comme il en avait déja eu l'idée. Remarquez bien, je vous prie, qu'*Alvarès* & *Benassar* doivent tous deux la vie à l'Amant de leur fille : *Alzire*, *Amenaïde*, *Zulime* sont toutes les trois destinées à un homme qu'elles abhorrent. M. de Voltaire, quand il a créé de ces faits intéressans, les répete avec plaisir. Il sçait mettre avec le plus grand art, des mots nouveaux sur des morceaux déja traités. Est-on un bel-esprit pour rien?

Revenons à Benassar. Au lieu d'emmener sa fille, il se met en fureur, lui donne des *malédictions*, dont elle tremble fort pieusement; il jure d'aller sur le champ commencer l'assaut, & de tout exterminer. Nous verrons comme il le fera.

Le troisième Acte est commencé. Il se fait toujours quelque entretien pour se dire, qu'on est bien malheureuse, qu'on aime à rage, & qu'il faut partir; mais sans le faire. Zulime enfin commence à être jalouse. Elle interroge, on ne répond pas: elle crie, elle jure; pas une réplique. Elle voit clair enfin. *Elle en avait besoin; ce sont des ingrats*. On n'a jamais sçu quel service elle leur a rendu. Ils vont rentrer dans le néant d'où elle les a tirés, comme si elle ne les en tirait pas pour elle-même. D'ailleurs Benassar l'aurait fait comme elle. Elle les a sauvés d'un danger.... on ne nous a pas dit lequel: mais ce sont de grands *ingrats*. Elle va trouver son pere, lui demander la mort, sans doute de ces *ingrats: le charme est dissipé*; elle n'aime plus. Non, Monsieur; ce sera pour elle qu'elle la demandera. Quelle tendresse dans cette femme, qui jure tant les hair! c'est-là bien connaître le cœur humain dans le moment furieux de la jalousie. Il faut de l'esprit pour penser si bien.

Mais quelle scène touchante pour les époux ! Atide, qui vient d'entendre que Zulime demandera la mort pour elle, craint tout pour les jours de son cher époux, veut mourir seule, & que l'Amant de Zulime parte avec elle. Que fera-t-elle ? Elle a l'ame trop bonne pour laisser deux Amans ainsi brouillés : elle va tout raccommoder dans un moment où Zulime devait être pardonnée & désaveuglée ; tout finissait : Benassar les renvoyait en leur patrie, où la mort les unissait encore. Point du tout ; un éclair de génie va répandre sa clarté : nous en serons tous éblouis. Zulime a dû avoir le tems de parler à son Pere pendant la Scène assez longue des deux époux. Mais voyez la finesse de l'art, Zulime n'aura pas trouvé son Pere. La preuve en est excellente : elle a dû, sans doute, l'aller chercher dans son camp. Mais elle n'a point dû l'y trouver ; autre preuve excellente. Benassar lui avait dit en la quittant, qu'il allait donner un assaut ; il n'en a rien fait. Apparemment qu'en bon pere, il s'est amusé en chemin, pour donner le tems à sa fureur de se rallentir. Avec quel art tous les Personnages de cette Piéce promettent d'agir, & n'agissent point ! voyez le malheur des conjonctures. Sa fille & lui auraient pu se rencontrer : non, ils auront pris un chemin opposé.

Voilà donc Benassar avec Ramire. Bien des reproches servent de prélude à un traité fait entr'eux. Ramire devait sçavoir que Madame son épouse, qui enrageait quand elle le voyait en bonne intelligence avec Zulime, & l'y mettait de tout son cœur quand il n'y était plus, était allé porter des paroles de réconciliation à Zulime, qu'il devait tres-bien connaître : mais en homme mieux avisé, il promet, avec toute la prudence possible, de remettre Zulime entre les mains de son pere, comme si l'on disposit d'une femme, & de donner Atide pour ôtage de sa parole. Le pere émervilé de l'action d'un Espagnol, qui donne une femme pour caution, fait sa paix avec lui, & court chercher sa fille. Atide revient triomphante. A t-elle sa liberté ? Zulime est-elle bien avec son pere ? Que ce qui est naturel est insipide ! Du merveilleux. Elle a promis tout à sa rivale pour son mari Quelle complaisance ! Zulime va partir; que Ramire la suive. Tout s'est fait, sans doute, bien secrettement; mais quelle catastrophe ! Le Pere surprend le Vaisseau; nous ne sçavons pas comment. Mais un petit air d'obscurité fait bien, on la prend pour de l intrigue.

Ramire ici perd la tête, mais bien innocemment : on la lui fait perdre. Il va combattre, & qui donc avait-il à combattre ? Au lieu d'aller encourager ses Soldats, qu'il les arrête lui-même, qu'il suspende le combat, qu'il avertisse Benassar d'une méprise à laquelle il n'a point de part. Mais le mauvais génie qui conduit tous ces événemens le veut ainsi : je le veux bien aussi. Tout le Parterre est émerveillé : ah ! je le veux bien encore, mon cher Ami; pourquoi ne voulez-vous pas aussi l'être ?

Zulime, que Benassar a dû surprendre dans

son Vaisseau, dont il a dû s'assurer, vient pleurer ses malheurs, tandis que son Pere & son Amant se battent pour elle. Atide survient. C'est une querelle de femmes des mieux traitées, où Zulime trouve fort singulier qu'on veuille aimer son Amant. Tout cet Acte se passe en propos d'une femme qui donne l'exemple de la passion la plus effrenée & la plus indécente & de deux rivales dont la dispute se souffrirait à peine dans le haut Comique Plus on céde à Zulime, plus elle prétend; elle ne voudrait pas même que l'on pleurât. *Vos pleurs*, dit-elle; eh! Zulime, vous entendez mal votre intérêt. Plus on souffre à tout vous céder : plus vous devez être contente du bon caractère dont vous êtes. Enfin on vient annoncer que Ramire, qui a fait *fort respectueusement* un grand carnage des Soldats de Benassar, est cependant prisonnier. Zulime, qui n'est pas moins coupable aux yeux du Pere, va demander son pardon. A quel titre ? je l'ignore. Mais faut-il critiquer là-dessus. Ce n'est qu'un défaut de vraisemblance de plus. Le bel-esprit n'entre point dans ces petits détails.

Le cinquiéme Acte commence par une fort belle Scène. Benassar est toujours un pere tendre; mais il a le malheur de ne jamais rencontrer sa fille. Elle était sortie dans le dessein d'aller se jetter à ses pieds; il ne dit point l'avoir vue. Mais qu'un génie créateur a de ressources! Si Zulime avait parlé à son Pere, comme elle aurait dû le faire, nous n'aurions poins vu la seconde Scène, où tout ce que l'amour peut inspirer de plus tendre se dit en faveur d'un Amant captif. Le bon Vieillard, qui ne sçait que menacer, & jamais agir, se laisse toucher : il ordonne qu'on lui amene Ramire. Quel spectable touchant nous allons voir ! Sans doute Ramire percé de coups, serait-il captif, s'il n'avait perdu ses forces avec son sang ? Ramire défiguré par ses blessures, va être apporté par les Gardes. Ce spectacle est capable d'émouvoir. Rien moins. Ramire vient d'un pas assuré, & sans être plus blessé que s'il n'avait jamais combattu. Apres avoir expliqué cette méprise, dont la connaissance aurait obvié à un grand carnage, il découvre enfin le fatal secret de son mariage. Tout frémit. Atide, qui a donné sa parole de céder son mari, est trop religieuse pour manquer à une parole dont tout la dispense, elle va faire un trait de générosité *qu'on n'espere pas* : elle prend un poignard que, sans doute, les esclaves en Afrique avoient la liberté de porter toujours en cas de besoin. Elle va frapper ; Zulime lui arrache le poignard, dit huit ou dix Vers, que son pere, Ramire, & Atide à qui elle vient de sauver la vie, écoutent fort paisiblement. Atide, qui leur avait donné l'exemple qu'on peut se poignarder sans sujet, ne leur donne point le moindre soupçon que Zulime en puisse faire autant, dans un moment où le plus cruel désespoir doit la déchirer. Elle a parlé, elle se frappe, meurt fort chrétiennement sans hair sa rivale, dit trois mots à son pere, à Ramire, à son épouse. Ils étaient tous fort éloignés d'elle avant qu'elle se frappât; ils se rapprochent tous fort tendrement pour la secourir quand elle se meurt. Ses derniers mots prononcés, personne ne répond, la toile se baisse; tous les Spectateurs se retirent en battant des mains, & courent feuilleter les Gazettes du tems pour sçavoir si Ramire & Atide feront retournés regner à Valence: car un Auteur qui sçait, est avare de ce qu'il sçait; il a bien soin de ne point tout dire. Il est bien des choses que M. de Voltaire aurait dû dire, & qu'il nous a laissé deviner. Quelle obligation nous lui avons! c'est nous laisser croire que nous avons de l'esprit. Combien de sots qui remarquant tous ces petits défauts qu'il ne s'est point soucié de corriger, se feront cru plus d'esprit que lui. Mais aussi M. de Voltaire écrit-il pour ces sots-là? Non certainement, c'est pour ces gens de goût, qui pleurent à *Tancrede*, & rient à l'*Enfant Prodigue*; qui le croyent trop au-dessus d'eux pour l'approfondir; qui, par exemple, lorsqu'il dit, *Il n'est de malheureux que les cœurs détrompés*, se récrient, admirent, & veulent lapider ceux qui soutiennent, qu'il y a du bonheur à être détrompé, qu'un homme abusé est à plaindre, & qu'un cœur détrompé, fût-il malheureux, *il n'est* point *que lui de malheureux*. Un de ces sots voulait soutenir que ces deux Vers d'*Alzire*:

Malheur aux cœurs ingrats & nés pour les forfaits,
Que les douleurs d'autrui n'ont attendris jamais,

étaient déplacés, en ce qu'il ne s'agissait là ni de

forfaits, ni d'ingratitude, & mal faits en ce qu'ils renfermaient trois caractères différens, l'ingratitude, la scélératesse, l'insensibilité, parce qu'on peut être insensible *aux douleurs d'autrui*, sans être *ingrat*, on peut n'avoir point été obligé. Mais un Connaisseur le prit à partie, protesta contre son avis, & prit pour autorité en Tragédie; devinez qui? un homme d'un style fort Théatral.... M. Patru. Son jugement fut homologué par tous les Spectateurs. Quels Spectateurs, & quel jugement!

Voilà, mon cher Ami, les traits que ma mémoire m'a pu fournir sur Zulime. Qu'on ne m'accuse point de jalousie: personne n'accorde à M. de Voltaire plus d'esprit que moi. Qu'on me permette cependant une vérité. Les Partisans de l'Auteur de Zulime l'appelleront blasphême; n'importe: jamais ce bel-esprit n'eut un génie créateur. Milton s'est tracé une route nouvelle vers l'Epopée. Le sublime, chez lui, est quelquefois gigantesque, mais enfin il va au sublime; il a des images rebutantes, mais il en a de riches & de magnifiques. La Henriade suit Virgile pas à pas, comme le Poëte Latin avoit suivi Homère, mais on n'y trouve point d'épisode pareille à celles de *Didon*, de *Nisus*, ou à celle d'*Armide* dans le Tasse. Peut-être les caractères de la Henriade sont-ils supérieurs à ceux de l'Enéide. On n'y voit ni de *Mnesthée*, ni de *Cloanthe*; point de divinités, qui servent de machine dans les momens difficiles, secours dont le défaut lui rendait le travail plus pénible: mais il eût eu plus de gloire à créer ; il a de l'expression, du goût : il est coloriste, mais il n'est point grand dessinateur.

Il a très-peu de Tragédies où il n'ait eu des modèles à suivre. Je n'entre point dans les larcins dont on l'accuse : je me condamnerais pour jamais au silence, si parlant de quelqu'un, j'avais à l'attaquer du côté du cœur : c'est sur l'Auteur, & non sur le Citoyen, que je vous propose mes doutes.

L'Italie & l'Angleterre avaient eu des Méropes, Œdipe, & la Mort de César avoient été traités par deux Hommes supérieurs. Sémiramis & l'Orphelin de la Chine sont-ils à lui en propre ? Ce n'est point à moi à décider entre Electre & Oreste. M. de Voltaire a reconnu son Maître dans l'Auteur de *Rhadamiste*. Personne ne peut juger mieux de lui que lui-même. Alzire est cependant, selon lui, *toute d'invention, & d'une espèce assez neuve*. Examinons comment le génie créateur a travaillé ? c'est le même que celui qui a produit Zulime. L'exposition est assez claire : mais ce ne sont que les avis d'un Pere, qui vient lui dire tout ce qu'il doit sçavoir : je ne sçais pourquoi le Public semble permettre que les premiers Actes de toutes les Piéces ne soient qu'une narration dialoguée des événemens antérieurs à l'action. L'exposition devrait commencer avec la Piéce, & se filer avec art sans qu'on s'en apperçût. Gusman doit-il ignorer le danger que son pere a couru, comment il en a été délivré ? Les deux regles principales du Drame font de commencer l'action le plus près qu'il est possible du dénouement, & que les Acteurs ne paraissent point sur le Théatre sans avoir quelque raison. Je ne vois point par quelle raison, dans tout le premier Acte, tous les Personnages entrent sur la Scène. Alzire, Monteze se rendent au même lieu, où Guzman était occupé à recevoir les morales de son pere. Quel hasard les rassemble ? Ils se rencontrent sans en paraître plus étonnés ; cette exposition me paraît très-peu adroite. Peut-être aussi est-ce ma faute : l'art m'échappe.

Le caractère de Monteze est d'une faiblesse qui ne se peut excuser. Il n'agit point. Il entre toujours sur la Scène, sans que rien l'y amene. Il chérit Alvarès & Guzman, ses tyrans, les usurpateurs de son Trône. Il ne sçait que moraliser Alzire. Il revoit l'Amant de sa fille, son défenseur, celui à qui il a promis de le recevoir pour gendre, & lui demande pourquoi il revient. Quel homme est donc ce Monteze ?

La reconnaissance d'Alvarès & de Zamore est assez touchante. Mais je ne vois pas pourquoi Zamore a sauvé la vie au pere de Guzman. Zamore, vainqueur dans un combat, ayant exterminé jusqu'au dernier des Espagnols, donne la vie au seul Alvarès, au pere d'un tyran qu'il abhorre ; & quel est ce Zamore ? un furieux qui de sang froid ira, dans le cours de la Piéce, commettre un assassinat.

Le deuxième Acte est absolument sans vraisemblance, & faible d'action. Il n'est point naturel que Monteze cache à Zamore l'hymen de sa fille, & Alvarès le nom de son fils. Ce sont des réticences gratuites. Mais le secret une fois dit, Alzire finissait au second Acte, ou bien il aurait fallu inventer quelque trait nouveau; mais on n'invente point sans génie. Je trouve deux défauts de vraisemblance. Je ne comprends pas pourquoi il y a des Gardes sur la Scène. Monteze n'en doit point avoir. Monteze n'a point droit de faire arrêter des hommes à qui on vient de donner la liberté, & qui n'ont commis aucun crime. Jamais un Particulier n'a fait arrêter quelqu'un au nom d'un Prince, à l'insçu de ce Prince, & jamais Gardes n'ont obéi à de tels ordres. Mais il falloit empêcher Zamore d'aller au Temple. Quel mauvais expédient! Ou bien si Monteze a eu droit de les faire arrêter, *comment ces Gardes ne les empêchent-ils point de sortir? comment vont-ils tenter leur illustre entreprise*, qu'ils ont l'imprudence de détailler devant ces Gardes qui les observent, & les laissent partir, malgré les ordres qu'ils ont reçus, & la connaissance qu'ils ont du dessein qui doit faire périr leurs Maîtres? J'espere, mon cher Ami, que vous répondrez à ces frivoles objections. Je vous devrai d'estimer plus un Ouvrage que le Public idolâtre.

Alzire, au troisième Acte, est mariée. Je l'ai vu sortir au premier, en bravant Guzman. Qu'est donc devenue sa fierté? On l'a, sans doute, traînée au Temple. Le vertueux Alvarès & le tendre Monteze ont commis cette violence, digne des cœurs les plus barbares; mais l'a-t-on pu forcer à prononcer le *oui* nécessaire ? Sans doute tout cela s'est pû sans manquer aux caracteres; mais comment le brave Zamore, qu'on avoit eu la bonté de laisser aller se mettre à la tête des Soldats qu'il a rassemblés, que je m'attendois voir signaler son arrivée par un carnage digne de lui, reparaît-il sans rien tenter ? Qu'a-t-il fait pendant la *cérémonie ?* Il ne craignait plus, dans le second Acte, *ces tonnerres d'airain où la mort se présente*, comme si, parce qu'il avait découvert que ce n'était que *des tempêtes de salpêtre enflammé*, il dût moins en être tué. Il envoie demander une entrevue à sa Maîtresse, qui, sans doute, a trouvé moyen d'échapper à son époux, à son pere, à tout un peuple, & vient pleurer toute seule justement dans l'endroit où quelques instans avant elle avait entretenu tous ses persécuteurs. Enfin Zamore tombe aux pieds de *l'idole de son ame*. Elle n'avait point eu la force de se poignarder avant d'aller à l'Autel : elle demande la mort à son Amant, qu'elle ne doit point croire capable de la lui donner. On a reproché à M. de Voltaire de n'avoir point fait triompher le devoir sur l'amour. Il n'a, je crois, en cela suivi que la nature ; la situation d'Alzire est fort embarrassante. La promesse qu'elle a faite, malgré son cœur, d'être fidelle à Guzman, ne guérit point l'amour qui lui défend d'être perfide envers Zamore : mais il ne falloit point la faire. Que Zamore fait ici un personnage honteux !

Réduit

Réduit à outrager Guzman de paroles, il va en prison à l'instant où ses Soldats vont au combat. Il pouvait être un Héros, & Guzman aurait pu mériter sa grandeur. Non : l'un a sacrifié son pays & sa gloire au désir de faire une déclaration d'amour : l'autre va combattre une Armée sans Chef, & célebre avec emphase la victoire que ses canons vont remporter sur des *Armes, dépouilles des Habitans des eaux.*

Dans le quatrième, Guzman est vainqueur. Alvarès lui défend d'être jaloux de voir sa femme en aimer un autre ; le fils résiste, comme de raison. Le pere, qui aime à parler, voit que tout va finir. Il demande *un second entretien* : il l'obtient. Tout devait se terminer encore ici. Guzman devait, ou pardonner par grandeur d'ame, ou se venger. Alzire pouvait, ou suivre son Amant au tombeau, ou répondre à la générosité par le même sentiment. Non : M. de Voltaire va être créateur. On corrompt un Soldat ; sans doute, il n'y en avait qu'un : ce Soldat ouvre la prison, Zamore est libre. Ce n'est point à rassembler les débris de son Armée qu'il s'occupera, c'est à persuader à sa Maîtresse de quitter son mari ; il ne peut : c'est un assassinat qu'il va commettre.

Les quatrième & cinquième Actes sont donc l'ouvrage de ce Soldat, que l'on suppose corrompu. Supposition bien gratuite ! ressource bien faible !

Je ne pourrai donc point voir un dénouement dont il soit vraiment créateur dans une Piéce *d'une espece toute neuve.* Un Duc de Guise a

B

donné l'exemple que veut donner Guzman au lit de la mort. Et remarquez bien que plus l'Espagnol s'éleve jusqu'au Héros Français, plus Zamore descend jusqu'à *Poltrot*. Le rôle n'est point honorable. Quoi ! ce Zamore, qui chérit Alvarès, qui lui a conservé la vie dans la fureur d'un combat, va poignarder le fils de ce même Alvarès, qui lui a rendu la liberté ! Disons à la gloire de M. de Voltaire, qu'il fait ici triompher la Religion d'une maniere bien éclatante. Le Duc de Guise avait été toute sa vie un homme généreux, humain, compatissant; il pardonne à son assassin : c'était mourir comme il avait vécu. Mais le fier Guzman, ce cœur vindicatif, donner Alzire à son rival, c'est un effort héroïque. J'aurais cependant mieux aimé qu'il l'eût cédé, pouvant en jouir par les droits de sa puissance. Il est facile d'être généreux, quand nous échappons au bien que nous donnons autant qu'il nous échappe.

Voilà, mon cher Ami, cette Piéce d'*invention*, où M. de Voltaire a créé. De tels enfans sont des avortons auprès des *Cinna*, & des *Athalie*.

Ne reconnaissez-vous pas, mon cher Ami, le même goût dans ces deux Piéces ? M. de Voltaire a malheureusement trop d'esprit. Il a donné le ton à son siécle. On ne dialogue plus. Ce sont des Vers emphatiques, de graves Sentences, des tirades épiques. Des Péruviens ont-ils jamais parlé comme Zamore & Alzire ? On veut peindre les objets, qu'on me peigne les fentimens. Toutes les métaphores de *Califte* valent-elles un fentiment de *Monime* ? Tout doit être fondu en raifonnement. Une foule de Connaiffeurs voulaient dernierement me poignarder, pour avoir dit que *Califte* & *Hypermeneftre* étaient mal verfifiées ; je m'en vengeai par *Mithridate*, qui les fit tous bâiller. *Oui*, me difait un Acteur, *cela eft trop dans le goût de Moliere. Il n'écrirait point aujourd'hui comme il a écrit.* En vérité, Moliere eft bien malheureux de n'être point né dans ce fiécle. Et vous, mon cher Ami, pourquoi tenez-vous tant au fien ? On donnait dernierement le Mifantrope : pas un feul homme de bon goût ; on s'étouffait aux *trois Sultanes*, gentille Paftorale, dont les Bergers fe nomment *Soliman, Roxelane, Ofmin*, divifée en trois Actes, dont le premier offre un Sultan capricieux, qui n'attend pas à la jouiffance pour fe dégoûter, à qui un Couplet d'une Mufique paffablement *Italianifée* fait tourner la tête ; dont le fecond a pour toute action un fort joli repas, où le langage le plus précieux, & les plus jolis lieux communs offrent un modèle du Dialogue Comique ; dont le troifiéme enfin eft le triomphe d'une jeune étourdie, qui pour donner un exemple de la délicate galanterie des Dames Françaifes, dit qu'elle n'a point *gardé fon cœur pour le Grand-Turc*, qui, au lieu d'employer ces rufes féduifantes, cet art ingénieux d'agacer en refufant, ces petites querelles mille fois plus favorables à l'amour que l'union, fe borne à *narguer l'Amour avec fon petit nez retrouſſé*, dit & fait mille petites folies, qui ne ſentent ni le bon ton, ni la bonne compagnie. Le tout petille de jolies pointes, de Madrigaux, de ſentences délicates, de maximes dignes du Tragique; quel goût! quel tems, où tout devient *coli-chet!* Un des plus grands traits de l'Hiſtoire Ottomane, les intrigues de *Roxelane* traités par l'Auteur des *Bateliers de S. Cloud*; des Scenes vagues, & de petites Ariettes ſoutenues d'une Muſique qui n'eſt point de la Muſique, voilà ce qui compoſe des Piéces : & les Acteurs qui expriment ces attitudes gigantesques, ou ces petites minauderies, ſont de graves Acteurs, & les Auteurs des génies, & les Spectateurs qui applaudiſſent des gens de goût.

On applaudit beaucoup à ces deux Vers de Zulime :

La Mort & les Enfers ſe préſentent à moi,
J'y deſcendrais, Ramire, avec plaiſir pour toi.

A-t-on jamais dit : *Deſcendre dans la Mort?* Et ne battez point des mains, vous êtes un ignorant. *Le tems de la clémence eſt paſſé déſormais. Déſormais* avec un *paſſé!* *tant d'abandonnemens*, pour dire tant de ſacrifices. Mais eſt-il ſurprenant que l'on ſouffre de pareil dialogue dans des piéces où l'on veut des ſituations à peindre, des tableaux, des portraits, comme ſi l'on en trouvait dans *Cinna*, dans *Phedre*, dans *Rhadamiſle*.

Comme il eſt une nouvelle façon de dialoguer, il en eſt auſſi une de prononcer : on ne dit plus *trépas*, *bras*; mais on prononce comme si l'on écrivait *trépase*, *brase*; on ne dit plus, *Dieux*, *yeux*, *assez*, *effacez*, *tourmentait*: mais, *Dieuse*, *yeuse*, *assese*, *effacese*, *tourmentête*. On prononce les finales de *cruels*, *Autels*, *éternels*, comme on prononce la finale de *Paracelse*.

Je rends justice, plus que personne, aux talens supérieurs de Mademoiselle Clairon : mais j'ignore pourquoi elle autorise cette nouveauté par son exemple. *Exempli imperiosa lex!* On n'imite des grands Maîtres que leurs défauts, & jamais leurs talens. C'est au Spectacle que l'Etranger vient apprendre la Langue; il payerait cher le plaisir qu'il y goûte, en y apprenant une prononciation ridicule. Que le Public doit sçavoir de gré à l'incomparable Mademoiselle *Dumesnil*, & à Monsieur *Brisart*, Acteur aussi naturel, qu'intéressant par ses traits & par son intelligence, de tenir encore contre le goût du siécle; ils se gardent bien de traîner les syllabes avec harmonie, d'oublier les Personnages qui sont avec eux, pour adresser au Parterre des Sentences, qu'il est censé ne point entendre, puisqu'il est censé n'être point présent.

Venez aujourd'hui à la Comédie. On y donne du *Moliere*. Nous serons seuls: nous pourrons nous y dire à notre aise, que la Musique de *Philidor* est une rapsodie de petits airs que l'on fait venir d'Italie, & sur lesquels on commande des Vers. Nous rirons en liberté des Connaisseurs qui oublient *Armide* pour *le Maréchal fer-*

rant, & qui ne lisant jamais *Corneille*, sçavent leur Queron par cœur.

J'avais fini ici ma Lettre, mon cher Ami: mais comme j'allais vous la faire tenir, on me vint dire que le lendemain on donnait une Piéce nouvelle; je m'informe dans quel genre. On me dit que c'était une Comédie, & une Comédie en cinq Actes. Je bénis mille fois l'Auteur, qui osait ressusciter un genre presque abandonné parmi nous. Je demande précipitamment, est-ce l'Auteur de la *Métromanie* ? nous aurons quelque chef-d'œuvre. Non, me répondit mon homme; c'est mieux que cela encore. Je le regardai fixement; ma joie diminua, il ne me resta plus que de l'espérance. Il me nomma l'Auteur de *Nanine*.

Je volai le lundi à la Comédie. Quelle foule! quel concours! Le Génie de la Mode voulut, je crois, me punir. Toujours actif, mais toujours repoussé, je fus obligé d'attendre au mercredi. Je prévins tous les adorateurs de l'Idole du jour. J'entre, la toile se leve; je reconnus combien le préjugé nuit à nos plaisirs. J'ai vu l'Ouvrage le plus charmant, le Roman le plus intrigué, les Scènes les plus attendrissantes; *Nanine*, en cinq Actes. Les mêmes pensées, mêmes situations, mêmes monologues, mêmes catastrophes que dans l'*Ecueil du Sage* en trois Actes. Je m'étais attendu à voir une Philosophie, que ni l'or, ni les honneurs, ni les éloges n'auraient pu corrompre. *L'Ecueil* de ce

Sage auroit été une jolie Fille. Point du tout : *le droit du Seigneur* a suppléé a toutes les Scènes que les trois Actes de *Nanine* ne pouvaient fournir à la Piéce nouvelle. *Monseigneur* & le Comte d'Olban ont les mêmes vertus, le même caractère, disent les mêmes sentences, avec cette différence, que le Comte est amoureux de Nanine dès le premier Acte, & que Monseigneur, au troisième Acte, n'est pas décidé à l'être. *Acanthe* est une fille fort aimable, aussi jolie que son nom, dont la gentillesse donne occasion à un *Magister* d'ouvrir la Piéce par une Dissertation Grecque sur son origine. Un Magister sçait qu'il existe du Grec! La belle Acanthe a lu des Romans, & s'est formé le cœur & l'esprit; elle a toujours été élevée dans un Village avec des *Paysans*; gens qu'elle nomme avec dédain, & cependant elle parle un langage tendre, langoureux, sententieux ; comme si d'être né d'un Duc & Pair donnait des connaissances par inspiration.

Dans les deux premiers Actes les Scènes sont vagues, longues, & comme destinées à amener le troisième Acte, où l'arrivée de *Monseigneur* doit tout changer. La *belle-mere* d'Acanthe tient lieu de la *Comtesse de Lorme*. Même haine, même discours contr'elle, même opiniâtreté à lui faire épouser un *Mathurin*. Une chose qui m'a paru fort belle, est l'intelligence avec laquelle l'Auteur sçait relever les Personnages les plus simples. Ce Villageois, que l'on croit pere d'Acanthe, doit être un homme simple, comme Mathurin qui le tutoye. Point du tout, il parle avec noblesse, dit des sentences ; il tient en quelque sorte du *Benassar*. Quelle noblesse ! quel fonds inépuisable d'esprit & de jolies expressions ! *Aimez-vous la muscade ? on en a mis par-tout.*

Monseigneur arrive avec un Chevalier de ses parens. Ce Chevalier ne paraît dans la Piéce que pour dire deux ou trois folies, & faire une sottise. Il y a dans le voisinage du Château de Monseigneur une Dame nommée *Dormene*, retirée avec une jeune personne nommée *Laure*, qu'Acanthe *adore*. Le Chevalier, qui a vu Acanthe il y a quelques années, en est devenu presque amoureux. Il fait complot de l'enlever. C'est une petite plaisanterie d'un jeune homme qui s'amuse. Monseigneur, qui pendant le quart d'heure du droit de *Jambage*, a connu plus que jamais la noblesse des sentimens d'Acanthe, en est devenu fort amoureux. Plus d'espérance pour Mathurin. Il fait entendre *sa volonté suprême*. Il est une chose que je ne comprends pas ; c'est la raison pour laquelle le Chevalier choisit la maison de Dormene pour aller cacher son rapt. A-t-on jamais choisi la maison d'une Dame respectable, pour en faire l'asyle de sa débauche ?

Je ne sçais point pourquoi M. de Voltaire n'a pas mis sur la Scène Laure plutôt que Madame Dormene. La reconnaissance aurait été bien plus frappante, & les situations d'Acanthe & de Laure intéressantes. Pourquoi encore Laure prend-elle si peu d'intérêt à la malheureuse Acanthe? Son état, son mariage, rien ne paraît l'intéresser. Ah ! je ne puis pardonner à cette Laure de ne point agir. C'est à Laure à s'en venger sur M. de Voltaire.

Les quatrième & cinquième Actes offrent les traits les plus étonnans. Le repentir d'un jeune étourdi, le triomphe de *Colette*, qui épouse un homme qui ne l'aime pas, la reconnaissance d'un frere & d'une sœur, le mariage du Chevalier avec une femme qu'il n'a jamais soupçonné pouvoir être sa Maîtresse, enfin l'alliance de Monseigneur avec Acanthe. C'est du Nanine tout pur, avec quelques Scènes comiques qui ne touchent en rien au dénouement, & des aventures merveilleuses, qui ne sont rien moins qu'amenées. Nanine est enlevée, Nanine dit des maximes, Nanine n'ose s'avouer qu'elle aime Monseigneur, Nanine, destinée à *Blaise*, épouse Monseigneur, & le Public se contente de deux ou trois Scènes nouvelles pour se dire à lui-même : *Ah! la jolie Piéce! Quel génie créateur!*

Que la reconnaissance me paraît froide! Acanthe perd un pere, & ne lui dit mot. Le bon homme se retire, & l'on ne songe plus à lui. Acanthe le voit se retirer ; la générosité, la reconnaissance ne lui dit rien en faveur d'un pauvre Fermier, qui lui a dit de si beaux Vers pendant quatre Actes. Elle ne demande point à voir cette mere ; elle ne dit rien au Chevalier sur son crime, sur son repentir, sur leur réunion.

Le mariage du Chevalier & de Dormene est, j'ose le dire, ridicule. La sage Dormene épouser un libertin, qui ne se repent que depuis une demi-heure. Mais comme *Monseigneur* a une *volonté suprême*, le Chevalier dit *oui*, & Dormene ne dit point non. M. de Voltaire aurait dû, dans Nanine, faire un pareil coup de Théatre, marier la *Marquise* avec *Philippe Humbert*. Mais la réflexion hâte les progrès. Il a trouvé moyen de faire cinq Actes de trois, & de répéter des pensées sans répéter les mêmes mots. M. de Voltaire a des *parties*, & la sienne est l'invention : mais son invention a ses *parties* aussi.

Il a encore un art infini, celui de n'adopter aucun parti. Il soutient un système, & le combat dans un autre Ouvrage. Le Comte d'Olban dit, avec autant de Philosophie que d'harmonie : *Est-il un rang que Nanine n'honore ? Monseigneur* dit au Chevalier, qu'il a vu Acanthe, qu'il en a été frappé, mais qu'il s'est modéré ; il aurait craint de se *compromettre*. Et cette Acanthe, pour laquelle on craint de se *compromettre*, qu'on n'épouse que pour réparer le mal que le Pere de Monseigneur a fait, est *l'Ecueil du Sage*. M. de Voltaire a plus d'une fois parlé contre *le Libre-Arbitre* : il soutient ici, qu'on est sage quand on veut l'être. Peut-on être plus Philosophe que lui ? il est de toutes les Philosophies. Peut-on être mieux en principes, qu'en les adoptant tous ! Comment Mathurin a-t-il consenti à épouser Colette sans se plaindre, sans redemander son

Acanthe ? Pourquoi Colette est-elle si obstinée à épouser un Mathurin, qui ne sent rien pour elle. Comment Monseigneur garde-t-il si long-tems les papiers qu'on lui a remis ? Pourquoi, au lieu de confondre le Chevalier en lui apprenant qu'il a enlevé sa sœur, lui donne-t-il ces papiers à lire, lui défend-il de parler de ce qu'il aura lu ? C'est faire naître des longueurs, & ôter à des Scènes ce qu'elles auroient de plus chaud. Mais aussi à quoi bon tout ces *pourquoi* ? M. de Voltaire dira mon nom, & *du respect*.

J'avais à côté de moi un de ces hommes qui ne font rien, mais qui s'occupent à dire ce que les autres font, un de ces êtres qu'Horace eût nommé *servum pecus*, un Faquin m'assassinait de ces emphatiques exclamations. Il voit les Muses, le Pégase, Apollon, dans le réduit d'un homme qui fait un Madrigal, que ne verrait-il pas dans une Comédie en cinq Actes ? Il appellait *divine* une Piéce sans invention, dont l'intrigue est compliquée & sans vraisemblance : Que peuvent penser les jeunes gens, quand ils voyent porter *jusqu'aux nues* une Piéce toute contraire à la principale regle du Théatre ? S'astreindront-ils à la simplicité de l'action, quand ils voyent que le merveilleux seul réussit ?

Ne vous étonnez point que n'ayant pas encore vingt ans, je tienne tant à l'autre siécle. Le naturel seul me flate : je vous écris ici, comme si je conversais avec vous ; j'ai trop peu d'esprit pour avoir de l'art. Je n'ai pour guide que le sentiment. J'ai appris tout *Mithridate* en trois heures, & je ne sçais point six Vers d'*Alzire*.

Ne croirez-vous pas comme moi, mon cher Ami, que la Parodie de l'*Ecueil du Sage* serait l'*Ecueil du Poète* ? On liroit le dénouement de la Piéce nouvelle ; & le titre de la Parodie seroit mieux rempli que celui de la Piéce, que mon Faquin appellait *divine*.

Aimez-moi toujours, mon cher Ami : je vais aussi entrer dans la carriere. Vous avez été jusqu'ici mon Parterre, mon Censeur : je reconnaîtrai votre amitié au soin que vous prendrez à critiquer les Ouvrages d'un jeune Ami, qui tient par vous au siécle des Corneilles, comme vous y tenez par votre goût.

F I N.

www.ingramcontent.com/pod-product-compliance
Lightning Source LLC
Chambersburg PA
CBHW060616050426
42451CB00012B/2280